AIDE-MÉMOIRE MUSICAL

ou

PRINCIPES DE LA MUSIQUE

MIS

A LA PORTÉE DES ÉLÈVES

PAR DEMANDES ET PAR RÉPONSES

Par ÉMILE JACQUE

PROFESSEUR DE MUSIQUE

Prix net : 1 fr. 50

PARIS
HIÉLARD, ÉDITEUR COMMISSIONNAIRE
8, Rue Laffitte, n° 8

LE MANS
EDMOND MONNOYER, IMPRIMEUR ÉDITEUR
12, Place des Jacobins, n° 12
1875
Tous Droits réservés

AIDE-MÉMOIRE MUSICAL

ou

PRINCIPES DE LA MUSIQUE

MIS A LA PORTÉE DES ÉLÈVES

PROPRIÉTÉ

DE L'ÉDITEUR EDMOND MONNOYER

AU MANS (Sarthe)

AIDE-MÉMOIRE MUSICAL
ou
PRINCIPES DE LA MUSIQUE
MIS
A LA PORTÉE DES ÉLÈVES

PAR DEMANDES ET PAR RÉPONSES

Par ÉMILE JACQUE

PROFESSEUR DE MUSIQUE

Prix net : 1 fr. 50

PARIS
HIÉLARD, ÉDITEUR COMMISSIONNAIRE
8, Rue Laffitte, n° 8

LE MANS
EDMOND MONNOYER, IMPRIMEUR ÉDITEUR
12, Place des Jacobins, n° 12

1875

Tous Droits réservés

AIDE-MÉMOIRE MUSICAL

CHAPITRE Ier.

PRINCIPES GÉNÉRAUX. — SONS. — GAMMES.

D. Qu'est-ce que la Musique ?
R. C'est l'art de combiner les sons d'une manière agréable à l'oreille.
D. Qu'est ce qu'un son ?
R. C'est en général tout ce que l'oreille entend d'une manière distincte.
D. Combien y a-t-il de sons naturels dans la Musique ?
R. Il y en a sept.
D. Quels sont-ils ?
R. *Do, Ré, Mi, Fa, Sol, La, Si.*
D. Qu'entend-on par Gamme ou Échelle musicale ?
R. C'est la suite des sept sons auxquels on en ajoute un huitième qui n'est que la répétition du premier.
D. Nommez la Gamme.
R. *Do, Ré, Mi, Fa, Sol, La, Si, Do.*
D. Comment nomme-t-on la distance d'un son à un autre ?
R. Intervalle.
D. Lorsque, en partant du premier *Do*, on chante successivement chaque son de la gamme, comment nomme-t-on cette gamme ?
R. Gamme montante.
D. Et lorsque, au contraire, on chante ces sons en partant du dernier *Do*, quel est le nom de la gamme ?
R. Gamme descendante.
D. Comment nomme-t-on les sons bas ou inférieurs ?
R. Sons graves.
D. Et les sons hauts ou supérieurs ?
R. Sons aigus.

D. Combien y a-t-il de sortes d'intervalles ?
R. Il y en a deux sortes.

D. Quels sont-ils ?
R. Le ton et le demi-ton.

D. Combien y a-t-il de tons dans la gamme ?
R. Il y en a cinq.

D. Où sont-ils placés ?
R. Entre le *Do* et le *Ré*, le *Ré* et le *Mi*, le *Fa* et le *Sol*, le *Sol* et le *La*, le *La* et le *Si*.

D. Combien de demi-tons ?
R. Deux.

D. Où sont-ils placés ?
R. Entre le *Mi* et le *Fa*, le *Si* et le *Do*.

EXEMPLE :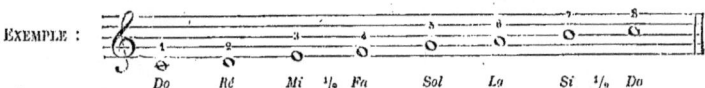

D. Indiquez en d'autres termes la place des demi-tons.
R. Ils sont entre le 3ᵉ son et le 4ᵉ, et entre le 7ᵉ et le 8ᵉ.

CHAPITRE II.

ÉCRITURE MUSICALE. — PORTÉE, CLEFS.

D. Comment nomme-t-on les caractères que l'on emploie pour représenter les sons ?
R. On les nomme des notes.

D. Comment écrit-on les notes ?
R. Sur cinq lignes horizontales et parallèles.

D. Quel est le nom de l'ensemble de ces cinq lignes
R. Une portée.

D. Dans quel ordre désigne-t-on ces lignes?
R. En commençant par celle du bas, qui est la première; la suivante est la deuxième, et ainsi de suite jusqu'à la plus haute qui est la cinquième.

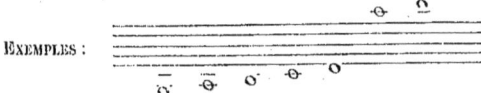

EXEMPLE :

D. Toutes les notes peuvent-elles être écrites sur ces cinq lignes?
R. Non.
D. Comment écrit-on les autres?
R. On les place sur de petites lignes au-dessous ou au-dessus de la portée.

EXEMPLES :

D. Quel nom donne-t-on à ces petites lignes?
R. On les nomme lignes supplémentaires.
D. Par quel moyen détermine-t-on le nom des notes sur la portée?
R. Au moyen de clefs.
D. Qu'entend-on par une clef?
R. On entend un signe placé au commencement de chaque portée et qui donne son nom à la ligne sur laquelle il est posé.
D. Combien y a-t-il de clefs?
R. Il y en a trois.
D. Quelles sont-elles?
R. La clef de *Sol*, la clef de *Fa* et la clef de *Do* ou d'*Ut*.
D. Indiquez les lignes sur lesquelles on pose chacune des clefs.
R. La clef de *Sol* se pose sur la 1re et la 2e ligne, la clef de *Fa* sur la 3e ou la 4e. La clef d'*Ut* se pose sur la 1re, la 2e, la 3e et la 4e.

EXEMPLES :

D. Dans quel but se sert-on de ces différentes clefs?

R. Afin d'éviter les lignes supplémentaires et pour indiquer au premier abord la nature des voix ou des instruments.

D. A quel usage emploie-t-on généralement chacune des clefs?

R. La clef de *Fa* sert à noter les sons les plus graves, les clefs d'*Ut* indiquent les sons intermédiaires et la clef de *Sol* les sons aigus.

D. N'y a-t-il pas un autre moyen d'éviter les lignes supplémentaires?

R. Oui, en surmontant les lignes de ce signe 8⸻ ou ‑‑‑‑‑‑‑‑ qui signifie qu'on doit les exécuter à l'octave supérieure jusqu'au mot *Loco*.

EXEMPLE :
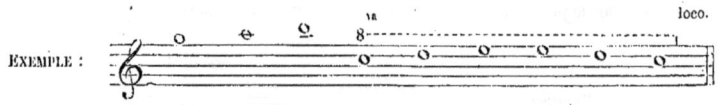

CHAPITRE III.

DE LA MESURE.

D. Qu'entend-on par la mesure en général?

R. La mesure est la division de la durée des sons en parties égales qu'on nomme temps.

D. Quel nom donne-t-on à la durée des sons?

R. On la nomme valeur des notes.

D. Comment nomme-t-on cette valeur?

R. Par la figure de la note elle-même.

D. N'y a-t-il pas aussi des signes pour remplacer les notes quand leur valeur doit être passée sous silence?

R. Oui; ces signes sont appelés des silences.

D. Comment s'indique la valeur des notes?

R. Par la figure et le nom qu'elle représente, savoir : la ronde, la blanche, la noire, la croche, la double croche, la triple croche et la quadruple croche.

D. Quelle est la note dont la valeur est la plus grande?
R. C'est la ronde.

D. Quelle est la division de la ronde en autres valeurs?

La ronde
vaut
2 blanches,
ou
4 noires,
ou
8 croches,
ou
16 doubles croches,
ou
32 triples croches.

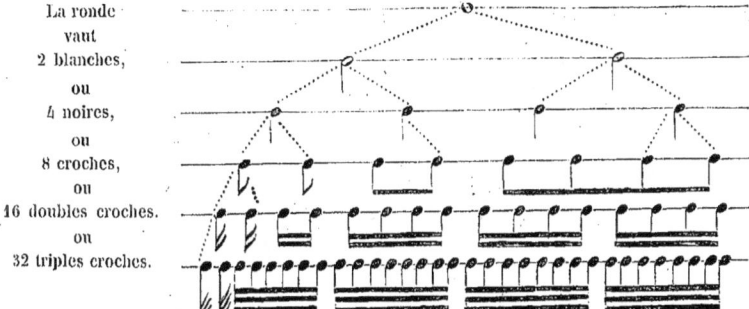

D. Quel est le rapport de chacune de ces valeurs entre elles?

R. La blanche
vaut
2 noires,
ou
4 croches,
ou
8 doubles croches,
ou
16 triples croches.

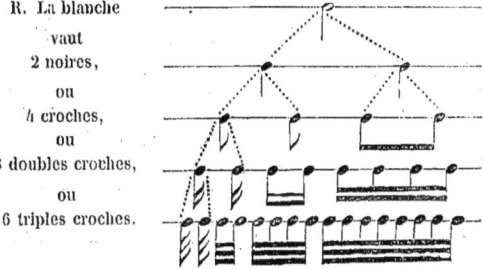

D. Quelle est la valeur de la noire?

R. La noire
vaut
2 croches,
ou
4 doubles croches,
ou
8 triples croches.

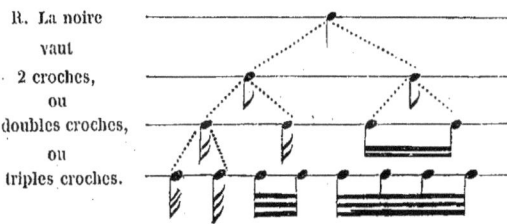

D. Quelle est la valeur de la croche?

R. La croche vaut 2 doubles croches, ou 4 triples croches.

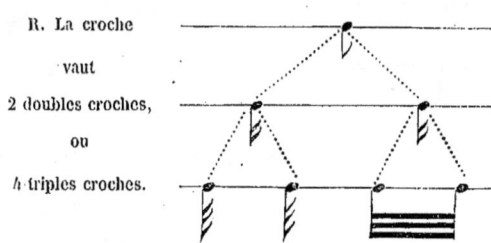

D. Quelle est la valeur de la double croche?

R. La double croche vaut 2 triples croches, ou 4 quadruples croches.

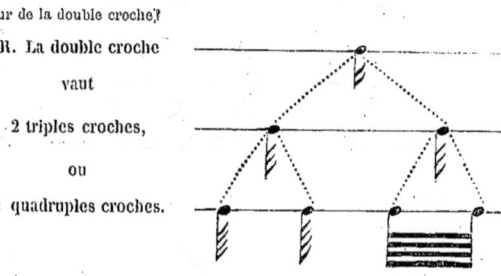

D. N'y a-t-il point de valeurs plus longues que la ronde?
R. Oui. Ce sont : la maxime, qui vaut 4 rondes, et la brève qui en vaut deux. Elles étaient employées dans l'ancienne musique d'église et ne sont plus usitées maintenant.

La Maxime vaut 2 brèves, ou 4 rondes.

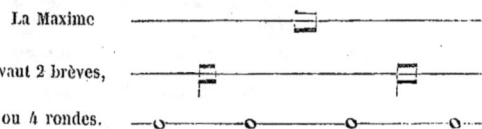

CHAPITRE IV.

VALEURS DES SILENCES.

D. Quels sont les valeurs et les noms des silences ?

R. Ces valeurs correspondent à celles des notes.

La valeur de la pause est équivalente au silence de la ronde.

La pause
vaut
2 demi-pauses,
ou
4 soupirs,
ou
8 demi-soupirs,
ou
16 quarts de soupir,
ou
32 demi-quarts de soupir.

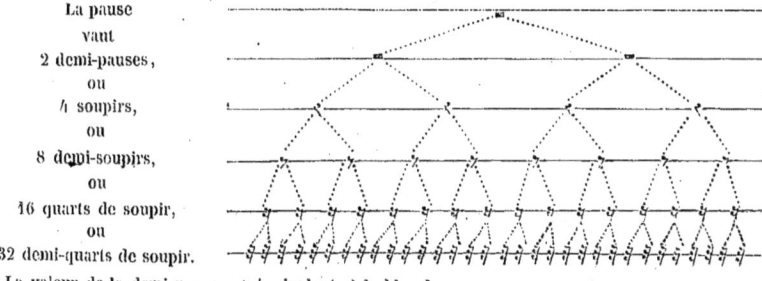

La valeur de la demi-pause est équivalente à la blanche.

La demi-pause
vaut
2 soupirs,
ou
4 demi-soupirs,
ou
8 quarts de soupir,
ou
16 demi-quarts de soupir.

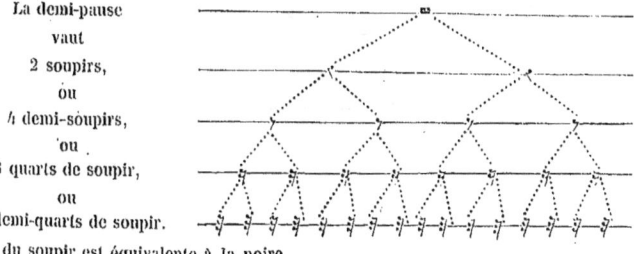

La valeur du soupir est équivalente à la noire.

Le soupir
vaut
2 demi-soupirs,
ou
4 quarts de soupir,
ou
8 demi-quarts de soupir.

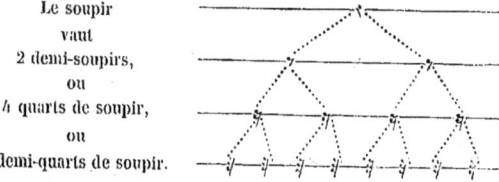

La valeur du demi-soupir est équivalente à la croche.

Le demi-soupir
vaut
2 quarts de soupir,
ou
4 demi-quarts de soupir.

La valeur du demi-soupir est équivalente à la double-croche.

Le quart de soupir
vaut
2 quarts de soupir,
ou
4 seizièmes de soupir.

D. Comment indique-t-on le silence de plusieurs mesures ?
R. Par des bâtons de 2 mesures ou de 4 mesures surmontées d'un chiffre indicatif du nombre de ces mesures.

EXEMPLES :

CHAPITRE V.

DU POINT.

D. Quel signe emploie-t-on pour prolonger la valeur des notes ou des silences ?
R. On se sert du point.

D. Quel est l'effet du point placé après une note ou un silence ?
R. Il en prolonge la valeur de moitié. Ainsi donc, une ronde pointée vaut 3 blanches ; une blanche

pointée vaut 3 noires; une noire pointée vaut 3 croches; une croche pointée vaut 3 doubles croches; une double croche pointée vaut 3 triples croches, etc.....

Valeurs équivalentes.

EXEMPLES :

D. Quel est l'effet du double point?

R. Un second point, placé après le premier, augmente encore cette valeur de la moitié de celle de ce premier point.

EXEMPLE :

D. Qu'entend-on par enjambement du point?

R. C'est une manière d'écrire les notes pointées, de sorte que le point se trouve placé au frappé de la mesure suivante.

Réduction de l'exemple précédent.

EXEMPLE :

D. Qu'est-ce qu'un triolet?

R. On nomme ainsi trois notes d'égale valeur qui doivent s'exécuter dans le même espace de temps que le seraient deux notes de même figure.

D. N'ont-ils pas un signe indicatif?

R. On les surmonte ordinairement d'un 3 ou d'un 6, lorsque deux triolets se trouvent réunis étant crochés ensemble. Quelquefois cependant ces chiffres sont supprimés.

— 10 —

D. Un silence mêlé avec deux notes équivalentes ne devient-il pas un triolet?

R. Oui, la valeur en est la même.

CHAPITRE VI.

LES SIGNES DES MESURES.

D. N'y a-t-il pas au mot *mesure* une signification autre que celle indiquée au commencement de ce chapitre?

R. Oui, on appelle aussi mesures les parties égales d'un chant comprises entre deux traits verticaux nommés barres de mesures.

D. Combien y a-t-il de sortes de mesures?

R. Il y en a trois primitives : la mesure à deux temps, la mesure à trois temps et la mesure à quatre temps.

D. Comment indique-t-on ces différentes mesures?

R. Par des chiffres ou des signes placés après la clef au commencement de chaque air.

D. Quels sont ces signes ou ces chiffres?

R. Le ₵ barré ou le 2 indiquent la mesure à deux temps, chaque temps valant une blanche.
Le 3 indique la mesure à trois temps, le temps valant une noire.
Le C ou le 4 indiquent la mesure à quatre temps, le temps valant une noire.

D. Ces mesures primitives n'en produisent-elles pas plusieurs autres ?
R. Oui, par l'augmentation ou la diminution de leurs valeurs dans chacun de leurs temps, toutes les mesures se divisant en simples et en composées.

D. Qu'est-ce qu'une mesure simple ?
R. On nomme ainsi celle dont chaque temps est binaire, c'est-à-dire qui ne peut se diviser qu'en deux parties égales, telles que deux noires ou deux croches, etc., selon la longueur de ces mesures, dont le premier chiffre (qui est toujours ou 2 ou 3 ou 4) sert aussi à indiquer le nombre de temps contenus dans cette mesure.

D. Qu'est-ce qu'une mesure composée ?
R. On nomme ainsi celle dont chaque temps est ternaire, c'est-à-dire ne pouvant se diviser qu'en trois parties égales au lieu de deux des valeurs précédentes. Le premier chiffre des mesures composées est toujours 6 ou 9 ou 12.

D. Quelles sont les autres indications des mesures ?
R. On emploie souvent deux chiffres placés l'un au-dessus de l'autre, comme $\frac{2}{4}, \frac{5}{4}, \frac{6}{8}, \frac{9}{8}$, etc.....

D. Comment prononce-t-on ces indications ?
R. On dit deux quatre, trois quatre, six huit, etc..... En général on prononce les noms des deux chiffres en commençant par le supérieur.

D. Quelle est la règle qui indique la composition des mesures marquées par deux chiffres ?
R. Le chiffre inférieur indique quelles sont les valeurs de la ronde, dont se compose la mesure et le chiffre supérieur en quelles quantités elles y entrent. Par exemple, dans la mesure $\frac{2}{4}$, le chiffre inférieur 4 indique que la ronde est divisée en quatre parties ou en noires, et le supérieur 2 signifie que la mesure est composée de deux de ces parties ou de deux noires.

D. Quelle règle fait connaître l'espèce de mesure marquée par deux chiffres ?
R. La mesure est à deux temps quand le chiffre supérieur ne peut être divisé que par 2. Elle est à trois temps quand le chiffre supérieur est divisible par 3. (Il y a exception pour le $\frac{12}{8}$ qui est à quatre temps), et à quatre temps quand il est divisible par 4.

D. Qu'entend-on par mouvement ?
R. Le mouvement est le degré de lenteur ou de vitesse qu'on donne à la mesure.

D. Qu'est-ce que battre la mesure ?
R. C'est indiquer avec la main ou avec le pied chaque temps de la mesure.

CHAPITRE VII.

DES ACCIDENTS. — DIÈSE, BÉMOL, BÉCARRE.

On nomme accident un signe qui modifie l'intonnation de la note devant laquelle il est placé.

D. Que fait le dièse devant une note naturelle ?
R. Il hausse la note d'un demi-ton chromatique.
D. Que fait le bémol devant une note naturelle ?
R. Il baisse la note d'un demi-ton chromatique.
D. Que fait le bécarre devant une note ?
R. Il détruit l'effet du dièse ou du bémol.

D. Comment faut-il que la note soit pour pouvoir mettre un dièse ou un bémol devant ?
R. Il faut que la note soit naturelle.
D. Comment faut-il que la note soit pour pouvoir mettre un bécarre devant ?
R. Il faut que la note soit diésée ou bémolisée.

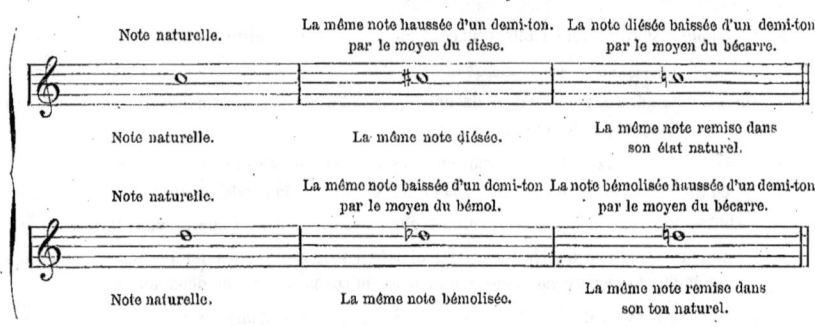

D. Comment se posent les dièses ?
R. De quinte en quinte en montant, en observant qu'une quinte est l'espace de cinq degrés.
D. Où se pose le premier dièse ?
R. Sur le *Fa*.
D. Où se pose le second dièse ?
R. Sur le *Do*.
D. Où se pose le troisième dièse ?
R. Sur le *Sol*.

D. Où se pose le quatrième dièse ?
R. Sur le *Ré*.
D. Où se pose le cinquième dièse ?
R. Sur le *La*.
D. Où se pose le sixième dièse ?
R. Sur le *Mi*.
D. Où se pose le septième dièse ?
R. Sur le *Si*.

EXEMPLE :

D. Comment se posent les bémols?
R. De quinte en quinte en descendant.
D. Où se pose le premier bémol?
R. Sur le *Si*.
D. Où se pose le second bémol?
R. Sur le *Mi*.
D. Où se pose le troisième bémol?
R. Sur le *La*.

D. Où se pose le quatrième bémol?
R. Sur le *Ré*.
D. Où se pose le cinquième bémol?
R. Sur le *Sol*.
D. Où se pose le sixième bémol?
R. Sur le *Do*.
D. Où se pose le septième bémol?
R. Sur le *Fa*.

EXEMPLE : 1er bémol. 2e bémol. 3e bémol. 4e bémol. 5e bémol. 6e bémol. 7e bémol.

NOTA. — Lorsqu'on veut hausser d'un demi ton une note déjà diésée, on se sert du double ♯ ou X. Pour baisser d'un demi-ton une note déjà bémolisée, on se sert du double bémol : ♭♭.

CHAPITRE VIII.

DES MODES.

On appelle mode l'union des trois sons principaux qui forment entre eux l'accord le plus parfait et qui font la base de la constitution de toute musique.

Les trois sons principaux qui constituent le mode sont : la tonique ou premier degré, la tierce ou troisième degré, et la dominante ou cinquième degré.

D. Combien y a-t-il de genres de modes?
R. Il y a deux genres de modes, le majeur et le mineur.
C'est toujours la tierce majeure qui caractérise le mode majeur et la tierce mineure qui caractérise le mode mineur.
D. Comment appelle-t-on la première note?
R. La 1re note se nomme Tonique.

D. Comment appelle-t-on la deuxième note?
R. La 2e note se nomme Sus-Tonique.
D. Comment appelle-t-on la troisième note?
R. La 3e note se nomme Médiante.
D. Comment appelle-t-on la quatrième note?
R. La 4e note se nomme Sous-Dominante.
D. Comment appelle-t-on la cinquième note?
R. La 5e note se nomme Dominante.

D. Comment appelle-t-on la sixième note ?
R. La 6ᵉ note se nomme Sus-Dominante.
D. Comment appelle-t-on la septième note ?
R. La 7ᵉ note se nomme Sensible.
D. Comment appelle-t-on la huitième note ?
R. La 8ᵉ note se nomme Octave ou Tonique.
D. Quel est le modèle des tons majeurs ?
R. C'est le ton de *Do* naturel.

D. Quel est le modèle des tons mineurs ?
R. C'est le ton de *La* naturel.
D. Qu'entendez-vous par ton naturel ?
R. C'est lorsqu'il n'y a ni dièses ni bémols à la clef.
D. Où connaît-on lorsqu'un mode est majeur ?
R. Quand il y a deux tons du 1ᵉʳ au 3ᵉ degré.
D. Où connaît-on lorsqu'un mode est mineur ?
R. Quand il n'y a qu'un ton et un demi-ton du 1ᵉʳ au 3ᵉ degré.

MODE MAJEUR :
De *Do* à *Ré*, un ton. De *Ré* à *Mi*, un ton.

MODE MINEUR :
De *La* à *Si*, un ton. De *Si* à *Do*, un ½ ton.

D. Dans quel ton est un morceau de musique lorsqu'il n'y a ni dièses ni bémols à la clef ?
R. En *Do* majeur ou en *La* mineur.
D. Quand dit-on qu'un ton est relatif d'un autre ton ?
R. Lorsqu'il est désigné à la clef par la même quantité de dièses ou de bémols. Ainsi le ton de *Mi* mineur est relatif de *Sol* majeur, vu qu'ils sont tous deux désignés à la clef par le même signe.
D. Dans quel ton est-on avec un dièse à la clef ?
R. En *Sol* majeur ou en *Mi* mineur.
D. Et avec deux dièses ?
R. En *Ré* majeur ou en *Si* mineur.
D. Et avec trois dièses ?
R. En *La* majeur ou en *Fa* ♯ mineur.
D. Et avec quatre dièses ?
R. En *Mi* majeur ou en *Do* ♯ mineur.
D. Et avec cinq dièses ?
R. En *Si* majeur ou en *Sol* ♯ mineur.

D. Et avec six dièses ?
R. En *Fa* ♯ majeur ou en *Ré* ♯ mineur.
D. Et avec sept dièses ?
R. En *Do* ♯ majeur ou en *La* ♯ mineur.
D. Dans quel ton est un morceau avec un bémol à la clef ?
R. En *Fa* majeur ou en *Ré* mineur.
D. Et avec deux bémols ?
R. En *Si* ♭ ou en *Sol* mineur.
D. Et avec trois bémols ?
R. En *Mi* ♭ majeur ou en *Do* mineur.
D. Et avec quatre bémols ?
R. En *La* ♭ majeur ou en *Fa* mineur.
D. Et avec cinq bémols ?
R. En *Ré* ♭ majeur ou en *Si* ♭ mineur.
D. Et avec six bémols ?
R. En *Sol* ♭ majeur ou en *Mi* ♭ mineur.
D. Et avec sept bémols ?
R. En *Do* ♭ majeur ou en *La* ♭ mineur.

— 15 —

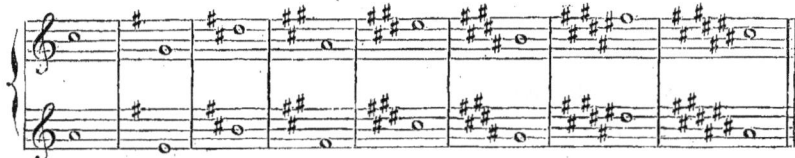

D. Dans les modes majeurs avec des dièses, où se pose la tonique ?

R. Un degré d'un demi-ton diatonique au-dessus du dernier dièse posé à la clef.

D. Dans les modes mineurs avec des dièses, où se pose la tonique ?

R. Un degré d'un ton au-dessous du dernier dièse posé à la clef.

D. Dans les modes majeurs avec bémols, où se pose la tonique ?

R. Quatre degrés au-dessous du dernier bémol posé à la clef.

D. Dans les modes mineurs avec des bémols, où se pose la tonique ?

R. Six degrés au-dessous du dernier bémol posé à la clef.

(Quand il n'y a qu'un seul bémol, il faut savoir que la tonique est *Fa*.)

D. Pourquoi hausse-t-on toujours le septième degré dans les modes mineurs ?

R. Pour le rendre note sensible.

REMARQUE. — Dans tous les tons mineurs avec des dièses, le dièse accidentel n'a lieu que lorsqu'il y a depuis un jusqu'à quatre dièses à la clef ; sitôt qu'il y en a cinq, il faut avoir recours au double dièse pour hausser le septième degré qui se trouve déjà dièsé à la clef. Dans les tons mineurs avec des bémols, il n'y a que deux tons dont la note sensible puisse être caractérisée au moyen du dièse accidentel. Sitôt qu'il y a trois bémols à la clef, il faut avoir recours au bécarre pour hausser le septième degré qui est bémolisé à la clef.

NOTA : Malgré les explications ci-dessus, lorsque l'élève sera embarrassé pour trouver le ton d'un morceau, il devra regarder la fin du morceau qui presque toujours se termine par la tonique. Si le mode est majeur, il faut que la tierce au-dessus de la tonique soit composée de deux tons. Si le mode est mineur, la tierce ne sera composée que d'un ton et demi.

EXEMPLE :

EXEMPLE DU DIÈSE, DU DOUBLE DIÈSE ET DU BÉCARRE ACCIDENTELS PLACÉS EN TÊTE DE TOUS LES TONS MINEURS.

CHAPITRE IX.

DES INTERVALLES. — TONS ET DEMI-TONS.

D. Qu'est-ce qu'un intervalle ?

R. C'est la distance plus ou moins grande qui existe entre l'intonation d'une note et celle qui la suit ou qui la précède.

D. Comment se divisent les intervalles ?

R. En tons et en demi-tons.

D. Qu'est-ce qu'un ton ?

R. C'est un intervalle composé de deux demi-tons, dont l'un est *chromatique* et l'autre *diatonique*.

D. Quelle différence y a-t-il entre ces deux espèces de demi-tons ?

R. Le demi-ton chromatique est celui dont le nom des deux notes reste le même. Dans le demi-ton diatonique, au contraire, les deux notes ont un nom différent.

EXEMPLE :

D. Comment nomme-t-on deux notes sur le même degré?
R. Unisson.

D. Comment nomme-t-on la distance de *Do* à *Ré* ?
R. Seconde.

D. Comment nomme-t-on la distance de *Do* à *Mi* ?
R. Tierce.

D. Comment nomme-t-on la distance de *Do* à *Fa* ?
R. Quarte.

D. Comment nomme-t-on la distance de *Do* à *Sol* ?
R. Quinte.

D. Comment nomme-t-on la distance de *Do* à *La*?
R. Sixte.

D. Comment nomme-t-on la distance de *Do* à *Si* ?
R. Septième.

D. Comment nomme-t-on la distance de *Do* à *Do* ?
R. Octave.

EXEMPLE :

Unisson. Seconde. Tierce. Quarte.
Quinte. Sixte. Septième. Octave.

R. Ces intervalles sont naturels, parce qu'ils ne sont altérés par aucun dièze ou bémol étrangers à la gamme du ton où l'on est.

CHAPITRE X.

NATURE ET COMPOSITION DES INTERVALLES.

D. Les intervalles ont-ils plusieurs manières d'être ?
R. Oui, les intervalles peuvent être majeurs ou mineurs, justes, augmentés ou diminués.

D. De quoi est composée une seconde mineure ? R. D'un demi-ton.
D. De quoi est composée une seconde majeure ? R. D'un ton.
D. De quoi est composée une seconde augmentée ? R. D'un ton et d'un demi-ton.

Seconde mineure.   Seconde majeure.   Seconde augmentée.

D. De quoi est composée une tierce diminuée ? R. De deux demi-tons.
D. De quoi est composée une tierce mineure. R. D'un ton et d'un demi-ton.
D. De quoi est composée une tierce majeure ? R. De deux tons.

Tierce diminuée.   Tierce mineure.   Tierce majeure.

D. De quoi est composée une quarte diminuée ? R. D'un ton et deux demi-tons.
D. De quoi est composée une quarte juste ? R. De deux tons et un demi-ton.
D. De quoi est composée une quarte augmentée ? R. De trois tons.

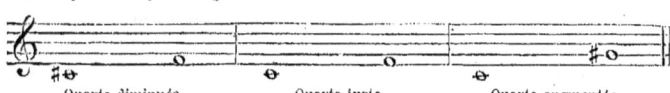

Quarte diminuée.   Quarte juste.   Quarte augmentée.

D. De quoi est composée une quinte diminuée ? R. De deux tons et deux demi-tons.
D. De quoi est composée une quinte juste ? R. De trois tons et un demi-ton.
D. De quoi est composée une quinte augmentée ? R. De trois tons et deux demi-tons.

Quinte diminuée.   Quinte juste.   Quinte augmentée.

— 20 —

D. De quoi est composée une sixte mineure ?	R. De trois tons et deux demi-tons.
D. De quoi est composée une sixte majeure ?	R. De quatre tons et un demi-ton.
D. De quoi est composée une sixte augmentée ?	R. De quatre tons et deux demi-tons.

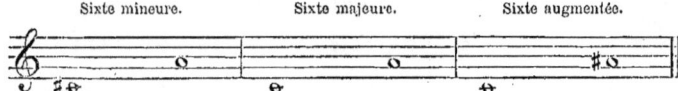

Sixte mineure. Sixte majeure. Sixte augmentée.

D. De quoi est composée une septième diminuée ?	R. De trois tons et trois demi-tons.
D. De quoi est composée une septième mineure ?	R. De quatre tons et deux demi-tons.
D. De quoi est composée une septième majeure ?	R. De cinq tons et d'un demi-ton.

Septième diminuée. Septième mineure. Septième majeure.

D. De quoi est composée l'octave ?	R. De cinq tons et deux demi-tons.

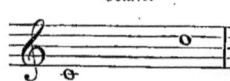

Octave.

REMARQUE I. — Tous les intervalles naturels de la gamme sont *majeurs*, à l'exception de la quarte et de la quinte, qui sont *justes* ou *inaltérés*. Tous les intervalles naturels de la gamme dits *majeurs*, lorsqu'ils sont haussés d'un demi-ton, se nomment *augmentés*. Lorsqu'ils sont baissés d'un demi-ton, ils sont *mineurs*; pour qu'ils soient *diminués*, il faut qu'ils soient baissés de deux demi-tons.

Ceux qui sont *justes* ou *inaltérés*, la quarte ou la quinte, sont augmentés avec un demi-ton au-dessus, et diminués avec un demi-ton au-dessous; ils ne peuvent être ni majeurs ni mineurs.

REMARQUE II. — Pour retenir facilement la composition de tous les intervalles, il suffit de connaître les trois principaux : la tierce, la quinte et l'octave.

CHAPITRE XI.

DU RENVERSEMENT DES INTERVALLES.

D. Que devient un unisson renversé ?   R. Octave.
D. Que devient une seconde renversée ?   R. Septième.
D. Que devient une tierce renversée ?   R. Sixte.
D. Que devient une quarte renversée ?   R. Quinte.
D. Que devient une quinte renversée ?   R. Quarte.
D. Que devient une sixte renversée ?   R. Tierce.
D. Que devient une septième renversée ?   R. Seconde.
D. Que devient une octave renversée ?   R. Unisson.

EXEMPLE :

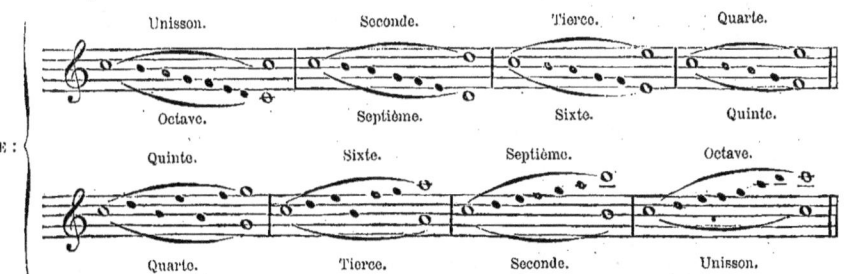

NOTA. — On trouvera aisément le renversement d'un intervalle donné en se rappelant que les nombres qui distinguent un intervalle de son renversement, étant réunis, doivent former le nombre 9. Ainsi l'unisson (marqué par le nombre 1) donne l'octave (marqué par le nombre 8); la 2de donne la 7me; la 3ce donne la 6te; la 4te donne la 5te; la 5te donne la 4te; la 6te donne la 3ce; la 7me donne la 2de; l'addition de chacun de ces couples donne le nombre 9.

D. Que devient une seconde mineure renversée ?   R. Une septième majeure.
D. Que devient une seconde majeure renversée ?   R. Une septième mineure.
D. Que devient une seconde augmentée renversée ?   R. Une septième diminuée.

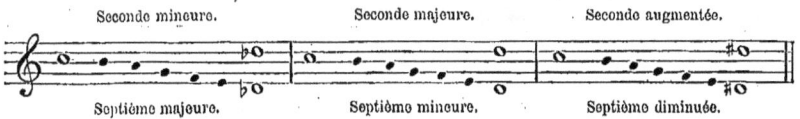

D. Que devient une tierce diminuée renversée ? R. Une sixte augmentée.
D. Que devient une tierce mineure renversée ? R. Une sixte majeure.
D. Que devient une tierce majeure renversée ? R. Une sixte mineure.

D. Que devient une quarte diminuée renversée ? R. Une quinte augmentée.
D. Que devient une quarte juste renversée ? R. Une quinte juste.
D. Que devient une quarte augmentée renversée ? R. Une quinte diminuée.

D. Que devient une quinte diminuée renversée ? R. Une quarte augmentée.
D. Que devient une quinte juste renversée ? R. Une quarte juste.
D. Que devient une quinte augmentée renversée ? R. Une quarte diminuée.

D. Que devient une sixte mineure renversée ? R. Une tierce majeure.
D. Que devient une sixte majeure renversée ? R. Une tierce mineure.
D. Que devient une sixte augmentée renversée ? R. Une tierce diminuée.

D. Que devient une septième diminuée renversée ? R. Une seconde augmentée.

D. Que devient une septième mineure renversée ?   R. Une seconde mineure.
D. Que devient une septième majeure renversée ?   R. Une seconde majeure.

CHAPITRE XII.

DES AGRÉMENTS DU CHANT.

Le *port de voix*, que l'on nomme aussi note de goût, d'agrément ou petite note, est désigné par une note plus petite que les autres. La petite ne se nomme point en solfiant; on la fait seulement sentir en nommant la note avec laquelle elle est liée.

Emploi de la petite note par intervalle diatonique.

Par intervalle de tierce.

Par intervalle de quarte.

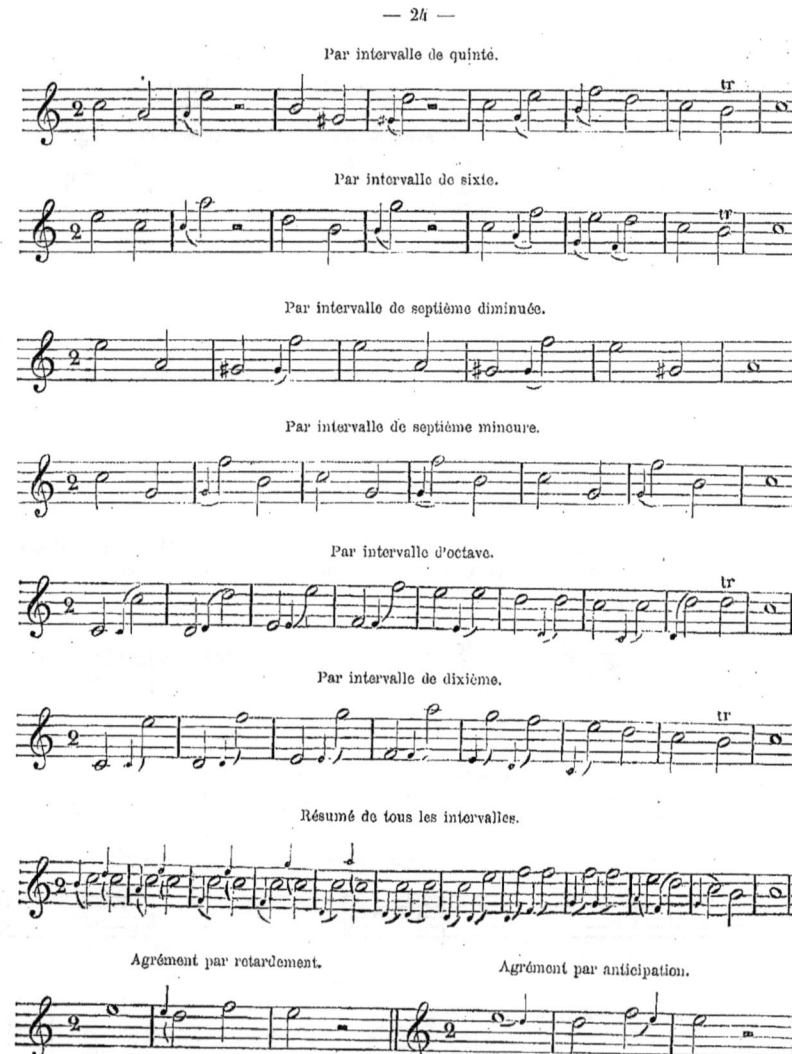

NOTES DÉTACHÉES.

Les notes détachées sec sont quelquefois désignées par des petits points ou des petites barres que l'on met au-dessus.

NOTES COULÉES, LIÉES ET SYNCOPÉES.

Les notes coulées, ou liées, ou syncopées, sont désignées par ce signe.

REPRISES.

Les quatre signes marqués ci-après servent à séparer les reprises d'un morceau de musique. Le premier signe, qui n'a pas de points, marque qu'il faut aller de suite; le second, qui a des points à gauche, marque qu'il faut dire deux fois la première reprise; le troisième, qui a des points à droite, marque qu'il faut dire deux fois la seconde reprise; enfin le quatrième, qui a des points des deux côtés, marque qu'il faut dire deux fois chaque reprise.

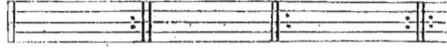

RENVOI.

Le *Renvoi* 𝄋 sert à ramener de la fin d'un morceau de musique au commencement. On met toujours deux renvois, le second ramène au premier.

POINT D'ORGUE.

Le *Point d'orgue*, que l'on nomme aussi *Fermat* ou *Point d'arrêt*, est un repos que l'on fait plus ou moins long.

Pendant ce repos, la partie récitante (s'il y en a une) a quelquefois le loisir de faire différents passages à sa volonté. Dans d'autres cas, le point d'orgue est un repos général.

GUIDON.

Le *Guidon* est un signe qui se met ordinairement à la fin de chaque portée, et qui sert à indiquer la première note de la portée qui suit.

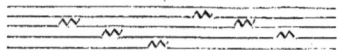

SIGNES D'INTENSITÉ.

Le signe marqué ainsi sert à indiquer qu'il faut augmenter les sons.

Le signe marqué ainsi sert à indiquer qu'il faut diminuer les sons.

Et le signe marqué ainsi sert à indiquer qu'il faut augmenter le son jusqu'au milieu, et ensuite le diminuer.

CADENCES.

La *Cadence* se fait par le moyen de deux notes que l'on fait entendre successivement ; le battement de ces deux notes prend ordinairement son appui sur la pénultième note d'une phrase musicale.

Il y a deux sortes de cadences : l'une est la cadence pleine ; elle consiste à ne commencer le battement de voix qu'après en avoir appuyé la note supérieure ; l'autre s'appelle cadence brisée, et l'on y fait le battement de voix sans aucune préparation.

Cadence préparée. — Effet.

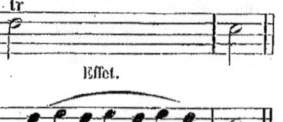
Cadence sans préparation. — Effet.

Cadence préparée avec un tour de gosier.   Cadence sans préparation avec un tour de gosier.

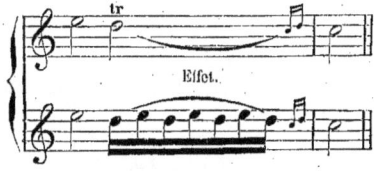

Effet.

Cadence brisée.   Effet de la cadence brisée.

TERMES ITALIENS POUR L'INDICATION DES MOUVEMENTS ET DES NUANCES.

INDICATIONS DES MOUVEMENTS.

D. Qu'est-ce que le mouvement en musique ?

R. Le mouvement en musique est le degré de lenteur ou de vitesse que l'on donne à la mesure, et dans lequel on exécute un morceau.

Grave.	Le plus lent de tous les mouvements.	Allegro ou All^{ro}.	Gai, vif.
Largo.	Large, sévère.	Presto.	Vif, animé, rapide.
Lento.	Lent.	Prestissimo.	Très-vif, impétueux.
Larghetto.	Largement moins sévère que large.	Doloroso.	Douloureux.
Adagio.	Lentement, posément.	Con expressione.	Avec expression.
Sostenuto.	Soutenu.	Moderato.	Modéré.
Maestoso.	Majestueux.	Comodo.	Commode.
Affectuoso.	Affectueux.	Non troppo.	Pas trop.
Cantabile.	Chanter avec goût, grâce.	Quasi.	Presque.
Tempo di menuetto.	Temps de menuet.	Con brio.	Brillant.
Tempo di marcia.	Temps de marche.	Brioso.	Vif, agile.
Andante.	Mouvement gracieux.	Agitato.	Agité.
Andantino.	Un peu moins lent que l'Andante.	Scherzando.	Gai, léger, en badinant.
Tempo giusto.	Temps juste.	Mosso.	Animé.
Grazioso.	Gracieux.	Con Moto.	Avec mouvement.
Allegretto ou All^{to}.	D'une vivacité modérée et gracieuse.	Molto.	Beaucoup.

INDICATIONS DE NUANCES ET D'EXPRESSIONS.

D. Qu'indiquent les nuances?

R. Les nuances indiquent le degré de force ou de faiblesse que l'on doit donner aux sons dans le cours d'un morceau.

Piano.	ou p.	*Faible, doux.*	Accelerando.	accel.	*En accélérant.*
Pianissimo.	p.p.	*Très-faible, très-doux.*	Stringendo.	string.	*En serrant.*
Dolce.	dd.	*Doux.*	A tempo ou tempo 1°.		*1er mouvement.*
Forte.	f.	*Fort.*	Espressivo.	espress.	*Expressif.*
Fortissimo.	ff.	*Très-fort.*	Leggiero.	legg.	*Léger.*
Mezzo forte.	mf.	*Demi-fort.*	Con anima.		*Avec âme.*
Sforzato.	sfz.	*Forcé subitement.*	Con spirito.		*Avec chaleur.*
Rinforzando.	rinf.	*En renforçant.*	Con grazia.		*Avec grâce.*
Crescendo.	cresc.	*En augmentant de force.*	Con gusto.		*Avec goût.*
Decrescendo.	decresc.	*En diminuant de force.*	Con. delicatezza.		*Avec délicatesse.*
Diminuendo.	dim.	*En diminuant de force.*	Con allegrezza.		*Avec allégresse.*
Smorzando.	smorz.	*En mourant, éteindre.*	Con fuoco.		*Avec feu.*
Morendo.	moren.	*En mourant, éteindre.*	Calando.		*En échauffant l'exécution.*
Legato.	leg.	*Lié.*	Con calore.		*Avec chaleur.*
Staccato.	stac.	*Détaché.*	Con forza.		*Avec force.*
Portamento.	portam.	*Porté.*	Animato.		*Animé.*
Ritardanto.	ritard.	*En retardant.*	Ben marcato.		*Bien marqué.*
Rallentando.	rall.	*En ralentissant.*	Ad libitum.		*A volonté.*
Ritenuto.	ritt.	*Retenu.*	A piacere.		*A plaisir.*

Le Mans. — Imprimerie EDMOND MONNOYER. — Août 1875.

www.ingramcontent.com/pod-product-compliance
Lightning Source LLC
Chambersburg PA
CBHW060712050426
42451CB00010B/1401